René Sommer   Play Huch

AF236823

Zuletzt erschienen (edition jeu-littéraire):

Das Popcorn und die Vögel. Kurzgeschichten. ISBN: 978-3-7448-6475-6

Woanderswoher. Roman. ISBN: 978-3-7460-8082-6

Das Mädchen mit rotem Hut. Kurzgeschichten. ISBN: 978-3-7528-1413-2

René Sommer

Play Huch

Gedichte

Bibliografische Information der Deutschen National-
bibliothek:
Die Deutsche Nationalbibliothek verzeichnet diese
Publikation in der Deutschen Nationalbibliografie;
detaillierte bibliografische Daten sind im Internet über
http://dnb.dnb.de abrufbar.

Editor Factory: ib-lyric (edition jeu-littéraire 3/1)
Author Photo: Erika Koller
Cover Image: Itta Beaux

Herstellung und Verlag:
BoD – Books on Demand, Norderstedt

ISBN: 978-3-7528-2037-9

Inhalt

Keine leichte Zeit für Roboter

Ein Wildpfad führt durch Föhren steil hinab,
vorbei an einer gigantischen Wand.
Wolken vernebeln den Blick auf den Berg.
Beidseits des Wegs verhakt sich
undurchdringliches Gewirr,
Vogelbeeren, Brombeerranken, Haselbüsche.
1000 kleine Glocken an Halmen,
vom Wind bewegt, klingeln durcheinander.

Eine Giraffe aus Yoghurtgläsern
lehnt an den Fels.
Ihr Schirm wirkt im Gegenlicht
transparent und organisch wie Eiweiß.
Sie liest eine Gebrauchsanweisung vor.
- Wie isst man Joghurt auf dem Mars?
Ein fliegender Frosch sammelt
Coladosen und Eierbecher mit Gesichtern.

Johann Sebastian Huch bringt Reisende
im Zug wie ein Reporter zum Sprechen.
Im Tunnel übt er
die Kunst des Lippenablesens,
unterhält sich mit dem Roboter.
- Welche Anstrengung zählt nichts
in den Augen der Menschen?
- Ich muss regelmäßig zur Aufladestation,
sagt der Roboter.

Der gebändigte Drache

Die Libelle tanzt übers Wasser,
schillert malvenrosa, eisblau, samtschwarz.
Ein Vogel pickt ein Blatt vom Spiegel.
Der Wind wispert im Schilf.
Pfeilschnell schwirren Ligusterschwärmer
von Blüte zu Blüte.
Im Park wachsen Tomaten statt Tulpen.

Huch zwängt sich in ein Miniaturhaus,
ins Gehäuse eines Servers
voller Stecker, Kabel und Microclips.
Ein Zwerg erwartet ihn.
- Bist du Cowboy oder Indianer?
Huch legt Daumen und Zeigefinger ans Kinn.
- Ich denke darüber nach.
Der Zwerg begrüßt ihn
im Club der Keks-Genießer.

Sie ziehen von Haus zu Haus, sagen:
- Der Keks ist gar nicht echt,
schmeckt fürchterlich.
Früher sind die Kekse kecker gewesen.
Als wären sie angefressen
von trotziger Trostlosigkeit,
zerknittern sie die Sätze.
Ein putziger, gebändigter Drache
sitzt auf der Schulter der Bäckerin.

Jedes Popcorn klingt anders

Steil steigt die Rampe empor,
leergefegt wie ein Himmel ohne Sterne,
durch ein enges pistaziengrünes Tal
den Berg hinauf.
In einer riesigen Murmelbahn
treffen die Kugeln auf Klangschalen,
winzige flache und bauchige große.
Die Regenbogenschlange schwimmt
durch den See, weicht den Kugeln aus,
legt Eier, verwandelt sich
in einen Eisenbahnzug,
der mitten aus den Wellen fährt.

Huch sieht ein Verkehrsschild
mit einer Katze darauf,
hört das Schnurren von 11 Katzen,
und wie das Maiskorn
mit einem satten Plopp-Geräusch
zum Popcorn wird.
Der Wasserdampf entweicht sehr schnell,
löst den Knall aus.

Die Seriennummern aller Steinways,
die er jemals gespielt hat,
kennt er auswendig, fühlt sie als Kribbeln
in den Händen und Füßen,
jede Zahl ein Rätsel.

Das Orakel muss wahr sein

Der Himmel reißt auf.
Lichtfinger jagen Wolkenschatten.
Die Blätter leuchten hellgrün.
Huch schreibt auf, was die Leute so reden,
wenn sie Bus fahren,
als wehten die Silben
aus einer gefährlichen Welt herüber.
Bei der Haltestelle steht ein Glastisch
mit leeren und halbleeren Plastikbechern.
Eine Frau schenkt
quietschgrünen Gemüsesaft aus.

Ein bauchiges Spielhallen-Werbeschild
schillert in Neonfarben.
Huch lädt Besucher aufs Dach ein,
wo sie über kurvige Miniaturbahnen
Münzen in die Tiefe kullern lassen.
Ein Junge notiert aufgeregt
5er, 10er, 20er, 50er,
bietet eine lange Liste dar.

Das Kleingeld fällt in den Orakel-Automaten.
Der Elefant spielt Schlagzeug, Marimba,
Xylophon und Trompete.
Hinter dem Glas fährt eine kleine Metallfigur
hin und her. Der Apparat spuckt
eine winzige Papierrolle mit Ratschlägen aus.

Verpasste Gelegenheit

In einem kleinen, rußschwarz ausgemalten
Konzertsaal mit Bühne
spielt ein Krokodil Harfe.
Seine Noten sind Erbsen
auf einer Packung Tiefkühlkost.
Das Spiel bringt eine Wassermelone
auf dem Stuhl in der ersten Reihe
zum Platzen.

Huch stellt sich einen Ballon vor,
der im eigenen Kopf aufgeblasen wird.
Er zieht sich mitten im Zeitfluss
auf eine unsichtbare Sandbank zurück,
um dort zu verharren.
Der Sand wird wie in einer Sanduhr
fortgesogen. Huch treibt
in eine Bank, die Zeit hortet,
verzinst, ausleiht und einnimmt.

Die Frau am Schalter fragt.
- Möchtest du lieber Kartoffeln
oder Karotten schälen?
Huch denkt nach.
Sie trägt ein violettes T-Shirt
mit Raubtiermuster.
- Die Zeit ist um.
Schade, du hast nicht alles eingerechnet.

Wer glaubt an das Michelinmännchen

Hinter dem bizarren Wolkengebirge
schaut die Sonne hervor,
leuchtet für einen winzigen Moment
den Berghang aus,
lässt den Buchenwald neongrün schimmern.
Der Farn wächst hoch wie Palmen.
Eine korallenrote Riesenlibelle schwebt
in der Luft über dem schattigen Teich.

Huch betrachtet die verwaschene Reklamewand
an einem Haus
mit Werbung einer verschwundenen Marke.
Aus einer verwitterten Tür,
die geisterhaft entrückt aus der oberen Etage
auf ihn herabschaut,
tritt das beleuchtete Michelinmännchen,
liest den Text von der Wand ab.
- Hast du deiner Freundin heute gesagt,
dass du sie liebst?

Es macht aus gebrauchten Autoreifen
einen Sessel,
verwebt weggeworfene Flaschenverschlüsse
zu filigranen Wandteppichen,
beschwört eine Schlange in einem Goldkelch,
verkauft Kaffee vom Fahrrad aus,
streut Kaffeepulver auf die Straße.

Die Maus lernt sprechen

Durch die enge, dunkelrot gepflasterte Gasse
treibt der Wind ein Stück Papier,
bläst die zusammengelegte Wolldecke hoch.
Federn und Aschefetzen segeln.
Gras wächst aus den Ritzen der Freitreppe.
Eine silbergraue siebenarmige Alltagsgöttin
sucht runde Knöpfe mit Löchern in der Mitte,
schneidet sie von der Bluse ab,
saugt sie mit dem Staubsauger weg,
näht knallrote Monsterknöpfe auf die Hose,
bezieht ein Kissen mit sonnengelber Seide.

Huch spaziert ziellos durch die Stadt.
Schattenschnipsel rieseln auf ihn herab,
als würde er am Boden
einer Schneekugel kleben,
bilden eine Schrift aus Strichen, Bögen
und Häkchen, die sich nach den Zweigen
einer Mimose ausrichten.
Sie klappt die Blätter zusammen,
dreht den Stiel von der Berührung weg.

Huch fragt sich.
- Kann ich mir etwas
aus dem Nichts erschaffen?
Er redet mit der Maus, die sprechen lernt.
- Huch, kann sie schon sagen.

Aus Sicht der Giraffe

Eine weiße Giraffe weidet
vor einer steilen Felswand,
fragt Huch,
wie man aus Wörtern eine Welt baut,
wandert über den federnden Waldboden,
als ginge sie auf Wolken
durch Flechten und Farne,
Bäume und Büsche.

Huch tapeziert die Wände
mit riesigen Papierbögen,
fragt nach den Umständen,
wie ein Einkaufszettel entsteht,
denkt die grundlegenden Fragen
selbst von Grund auf durch.
- Was tut mir gut?
Was macht mir Freude?
Er malt ein Mandala aus farbigem Sand.
100 Hände strecken sich ihm entgegen,
glitzern so hell,
dass er die Sonnenbrille braucht.

Der Schrottsammler findet
einen knarzenden Plastikstuhl
in einem kaputten Cola-Automaten
setzt sich darauf und sagt.
- Die Giraffe hat ein großes Herz.

Die Tomate ist ein Karussell

Durchzogen von kleinen Flussarmen,
von Waldreben überwuchert und behangen,
wächst der riesige Auenwald,
von einem Vorhang aus Farn verhüllt.

Huch stiefelt auf dem grünen Dschungelpfad,
lässt sich erklären,
wo in der untergegangenen Villa
das goldene Bad war,
baut eine Pyramide
aus Toilettenrollen auf,
hört die Geräusche der Waschmaschine
im Schongang,
beobachtet fliegende Bienen,
bastelt sich ein Papierklavier
zum stummen Üben und Ersinnen
eigener Melodien.

Der rosa leuchtende Flamingo sagt.
- Die Tomate ist ein Huhn,
das Tomaten legt,
aus welchen Küken schlüpfen,
die, wenn sie groß sind,
Tomaten legen
und sich im Kreis drehen.
Die Tomate ist ein Karussell,
das Hühner dreht.

Andy Warhols Polaroids

Das Boot gleitet vorsichtig langsam
durchs stille Wasser der Bucht.
Kobalt- und türkisblaue, smaragdgrüne Töne
schimmern im Spiegel.
Die Tänzerin im Prinzessinnenkostüm
steigt auf den Steg,
schüttelt Huch die Hände
lässt sich mit ihm fotografieren, fragt.
- Was bedeutet es, ein Mensch zu sein?
Das Licht fällt wie feine Seide
über ihren Körper.

Das schneeweiße Rotkäppchen, das sich
in einem Wald voller Wölfe verlaufen hat,
findet auf Andy Warhols Polaroids
eine abgenutzte Sohle.
Sie riecht nach den ersten, vom eigenen
Taschengeld gekauften Turnschuhen.

Bei der Einfahrt zu einem Hinterhof
surrt ein Cola-Automat
unter einem Seifenwerbespot.
- Sie ist auf deiner Seite.
In den Schacht des Automaten fallen
10 druckfrische Zeitungen,
Flugblätter, Butterbrotpapier
und ein Paar Handschuhe.

Das Pferd landet nach dem Sprung

In einem riesigen Supermarkt
stapeln sich in meterhohen Regalen
übergroße Limonaden- und Colaflaschen.
Huch hört Geräusche,
die gar nicht da sind,
wiederkehrende Stimmen.
- Sag mir die letzten beiden Zahlen
deiner Sozialversicherungsnummer.

Die Frau von der Partnerbörse im Internet
trägt ein perlweißes Kleid,
wäscht mit einem eidechsengrünen,
kraftvoll geringelten Gartenschlauch
die Haare auf offener Straße,
malt ein A, das nach Koriander schmeckt,
schlägt Huch vor.
- Geh eine Beziehung
mit Johann Sebastian Huch ein.
Das ist eine in jeder Hinsicht
perfekte Beziehung.

Eine Spinnenfrau in der Kletterwand
lernt vorauszusagen, was Huch tut,
wenn er mit dem Pferd übers Schachfeld
durch die singenden Vögel
über den Turm springt
und bei der Dame landet.

Ist bei euch ein Pinguin

Eine Insel schwebt in den Wolken
aus der tiefblauen Bucht.
Huch malt
mit Buntstiften ein Plakat
von der Insel der Strichmännchen,
der einzigen Insel, die fliegen kann,
schneidet und bemalt Papierpuppen.
Sie pflanzen Bäume in den Blätterwald,
zeigen ihm, wie man den Bleistift
richtig hält

Zwischen den Fingern der Lesenden
raschelt das Papier.
Sie hören die Kirschblütenblätter ticken.
Die Zeichnungen bindet Huch zu Büchern,
vergräbt das erste in einem Tonkrug.
Das zweite versteckt er
unter Kleidern.

Auf der Coca-Cola-Neonwand
erscheint die Frage.
- Wie ermutigend oder bedrohlich
erlebe ich die Welt?
Ein Pinguin, auf die Straße gesetzt,
watschelt hilflos herum.
Huch schlüpft aus einem Schneckenhaus,
gibt ihm ein Wasserbecken.

Ist Nein zum Nein ein Ja

Ein Wal schwebt durch die Luft
über ein Xylofon mit bunten Stäben.
Geigenklänge hüpfen.
Eine Frau tollt mit dem Hut herum,
der die Größe eines Einkaufswagens hat,
sortiert Steine,
kippt Instantkaffee in ein doppelwandiges Glas,
spricht mit der batteriebetriebenen Schildkröte,
die auf Knopfdruck singt.

Von buschigen Wolkenbändern umwoben,
unter dem zwitschernden Lied
des Rotkehlchens
liegt Huch in der blühenden Wiese,
schreibt auf ein Stück Karton.
- Die Rückseite ist leer.

Ein Mann wirft eine Schreibmaschine
aus dem Autofenster.
Huch fängt sie auf, spannt ein Blatt ein,
tippt mit Buchstaben ein Stoppschild,
macht eine kurze Pause,
nimmt ein Eisbärenkostüm aus der Kiste,
einen Mickymaus-Kopf und Engelsflügel.
Der Baum, der ihn besucht,
hat rotblau gestreifte Blätter,
Ringelsocken und mohnrote Schuhe.

Das Bein in der Hand

Steil windet sich der Weg
zwischen den Bäumen hindurch.
Ein wackliger Betonbau steht
vor dem tiefblauen Himmel,
die Wand leuchtend weiß und gelb gestrichen.
Eine Firma möchte von Huch
kleine Gummifiguren herstellen,
in eine Bonbonschachtel verpacken
und auf einer Jukebox von Wurlitzer
tanzen lassen.

Ein antiker Telefonhörer fällt vom Baum
und baumelt an der Schnur.
Eine Stimme murmelt 3 Wörter,
die Huch auf Holzresten, Altmetall
und Stofffetzen kritzelt.
- Sense of wonder.

An einem Treffpunkt von Spiegeln schenkt ihm
der gerissene Erinnerungsverkäufer
eine Kette aus Straußeneierscherben.
Ein Mädchen hat aus Versehen
dem Teddybär ein Bein ausgerissen,
fragt Huch.
- Kannst du es wieder annähen?
- Nein, sagt Huch, aber ich kann dir helfen,
Menschen zu fragen.

Die wichtige Rolle der richtigen Wolle

Unter lindgrünen Bäumen,
auf kalkweißen Felsen
wandert Huch auf den Berg,
findet einen Topf,
der seinen Inhalt selbst rührt,
und ein Buch mit einem knallroten Umschlag
und dem Titel.
- Lies mich in einem Tag.

In einem riesigen Feld
steht ein gigantischer Krug,
halb im Boden eingewachsen.
Huch klettert hinein,
kann sich stehend darin verstecken.
2 Sonnen gehen hintereinander auf,
die zweite eine halbe Stunde später.
Im Gartenrestaurant wirft
eine lange bananengelbe Sonnenstore
2 Schatten auf den Tisch.
Huch kritzelt Zeilen eines Gedichts
auf die Papiertischdecke.

Ein Junge trägt eine Nasen- und Stirnmaske,
eine goldblonde Kunsthaar-Perücke,
gibt ihm einen Stein
mit der Inschrift.
- Ich fühle mich wie richtige Wolle.

Der Kaugummi nennt eine Primzahl

Der Gipfel ist wolkenverhangen.
Dicht an dicht, nur bis zu den Zweigen sichtbar
wachsen mächtige Stämme in die Höhe.
Waldreben hängen von den Bäumen herab.

Am Abschluss des Gebäudes
steht eine Werbeschrift in zitronengelben
und türkisfarbenen Leuchtbuchstaben
in der Bahnhofshalle.
- Danke, dass du mein Freund bist.
Huch kritzelt Sprüche an die Wand.
- Wie weit trägt die Sprache,
wenn du sie zu Wort kommen lässt?
- Kannst du dem Traum
beim Geträumtwerden zuschauen?
Er stolpert über die Sätze,
streut einen Kreis aus Salz aus,
malt riesige Banknoten.
Sie schimmern in den falschen Farben
des Polaroids.

Eine Schlange im Anzug steht
neben einer Frau und schenkt ihm
einen Energiestein im Beutel
und Schirmstücke für Riesen.
Huch sieht eine Sternschnuppe verglühen,
wünscht sich einen sprechenden Kaugummi.

Der letzte Vogel seiner Art

Am Fuß einer Treppe
aus grob behauenen Steinstufen
kommt ein Steinwayflügel
mit lautem Krach durch die Decke,
hinterlässt ein Loch im Himmel,
aus dem Noten rieseln.
Eine Sängerin schwebt
über einen schneeweißen Strand
mit kristallblauem Wasser,
zieht eine 3 Meter lange
Mundorgel aus Bambus
aus einer Tasche, die sie selbst
genäht und bestickt hat,
spielt „Moon River".
Huch sieht die Töne.

Die Schachfiguren tanzen vom Brett,
von Spiellust beseelt,
folgen bizarren Teppichmustern,
aktivieren Roboter im Schlafmohnfeld.

Der letzte Vogel seiner Art
fliegt so hoch,
dass die gefiederten Wolken
um ihn herum Flügel bekommen.
Die Vogelbeobachter spähen
und sehen ihn im Federwirbel verschwinden.

Der Platzanweiser sucht einen Platz

In einer lichtgrünen Wiese
zwischen riesigen Pflanzen,
von Bergen und einem Fluss umgeben,
stellt ein Handschuh, der sprechen kann,
Huch die Frage.
- Tauschen die Menschen die Rollen,
wenn sie den Pullover tauschen?
Ein Hubschrauber wirft ein Fertighaus
in die Landschaft.
Huch öffnet die Tür
mit einem Fingerabdruck.
In einem niedrigen Raum
mit blank poliertem Boden
fragt ihn das Haus.
- Frühstückst du mit mir?

2 Mädchen im hellen Sommerkleid
spielen Gummitwist,
springen hoch bis zu den Wolken,
berühren ihre Lieblingsfarbe
im Regenbogen, Kobaltbau,
mit silbrigen Einsprengseln.

Der Platzanweiser sucht
im geschlossenen Theater
einen Platz, wo er ruhig Popcorn essen
und Huchs Gedichte hören kann.

Kritzeln, zeichnen und die Folgen

Beim kürzesten Tennisspiel aller Zeiten
hebt Huch einen Tennisball auf
legt ihn wieder ab,
stellt sich den Ball als Seifenblase vor,
lässt ihn übers Netz schweben, platzen,
aus den Tropfen
einen kleinen Regenbogen springen,
spielt seinen Namen auf dem Klavier,
verwandelt sich in die Töne,
dringt in sein Ohr,
das sich zur Schnecke rundet,
über den Regenbogen kriecht.

Americana Sunshine kramt eine Münze
aus der Handtasche
wirft sie in die Umlaufbahn,
und die Frage
- Kopf oder Zahl?
kreist um die Erde.

Huch hinterlässt Kritzeleien auf den Wänden,
zeichnet fliegende Fische an die Mauer.
Es macht ihm wenig aus,
wenn ihn ein Passant grimmig anschaut.
Sein Gehirn reagiert schwächer
auf unangenehme Gesichter,
löscht sie, ersetzt sie durch Fische.

Play Huch

Eine Quelle sprudelt im Wald.
Das Wasser plätschert
in einen kristallklaren Fluss.
Ameisen bringen einen in winzige Schnipsel
zerrissenen Brief in Ordnung.
Huch liest.
- Ich tausche Brot gegen Rosen.

Aus dem zusammengesetzten Brief
blicken 2 Augen, ein Gesicht,
das ihn aus der Vergangenheit anschaut.
Eine Frau gibt ihm die Hand.
Er läuft zum Bäcker,
holt ein Brot.
In den Falten ihres Kleids
verwandelt es sich in Rosen.

Huch findet eine Kühlpfanne,
welche die Spaghetti einfriert,
in Eiszapfen verwandelt,
dem Roboter serviert.
Er trägt ein T-Shirt.
Darauf steht „Huch".
Der Roboter sagt, Huch sei ein Wort
für ungebrochen gute Laune,
ohne Ketchup zu überleben
und Gedanken wie Glitzerstaub zu haben.

Die Ameise mag kurze Gedichte

Schattig ist es unter den Buchen.
Durchs Blätterdach dringen
nur wenige Sonnenstrahlen.
Neongrüne Punkte leuchten auf dem Waldboden,
weisen den Weg,
führen über eine Steinbrücke
zu einer Lichtung.
Auf einer Anhöhe über dem Fluss
verfällt ein Steinhaus.
Beton bröckelt von rostigen Eisenträgern.
Im Kalkstein klafft ein Riss.
Große Bäume wachsen am Giebel,
aus dem Dach, an den Wänden.

Ein Elefant schwebt in Engelsrobe
aus dicken Nebelschwaden, sagt.
- Meinem Gehirn fällt es leichter,
negativ zu denken.

Die Taxifahrerin verschwindet
hinter dem riesigen Lenkrad
und ihrer noch riesigeren Sonnenbrille,
fährt Huch zum See.
Er versucht, eine Ameise
aus dem Wasser zu retten.
- Ich dachte, ich könnte schwimmen,
sagt sie.

Der Vergessensforscher vergisst die Vögel nicht

Die Bäume spiegeln sich
zart grün im Wasser.
Die Wellen schwappen friedlich vor sich hin.
Von falsch abgewickelter Zeit gekitzelt,
denkt Huch über das Leben
eines neonblauen Schmetterlings nach.
Der bunte Werbeaufkleber
an der Schaufensterscheibe fliegt auf.

Worte jagen durch den Verzerrer,
drehen Schleifen in der Luft,
verkichern in den Flügeln.
Manchmal reicht schon ein Buchstabe,
um ihn nachhaltig zu verwirren.
Auf einer Zeile ohne Ziele
gehen die mathematisch interessierte Fee
und der Riese auf die Reise.
Pink und rosa Pferde ziehen eine Kutsche
durch einen Garten voll ananasgelber Blumen.
Im flirrenden Spiel aus Sonnenflecken
und Schatten tanzen Mädchen
mit Papierlaternen zwischen Rosen und Lilien.

Der Vergessensforscher singt und hüpft
mit einer Gießkanne im Kreis herum,
sieht Farben, wenn er
die Vögel singen hört.

4 Augen sehen mehr als 2

Dem Eichhörnchen folgt Huch
durch die Wipfel.
Blätter flattern neben,
unter und über ihm.
Das Grün der Eichen zittert.

In einem abgewrackten Industrieareal
findet Huch das Haus der Albino-Federmaus.
Es hat 3 Etagen.
Der zweite Stock besteht
fast nur aus Kleiderschränken
zum Verkleiden und Verwechseln.
Im ersten und dritten Stock gibt es viel Leere,
obwohl sie selten geworden ist.
Die Albino-Fledermaus lehrt Huch
die Lehre von der Leere,
durch die Wolken zu fliegen,
unter Wasser zu atmen.
Sie bringt den Dinosaurier dazu,
Miau zu sagen,
rettet den Biber, der ratlos
in einer blitzblank geputzten Badewanne
herumrudert.

In einem alten, schwarz verschmierten Auto
führt sie Huch zu den gehörnten,
sechsarmigen und vieräugigen Menschen.

Der Frosch und seine langsamen Atemgeräusche

Über eine Kuhweide gelangt Huch
auf einen Trampelpfad
durch eine steil abfallende Felswand
ins Gehirn, ins Ungewisse,
in die Traumfabrik.

Im Zeppelin fliegen kleine Frauen
und Männer vorbei.
- Denk abstrakt!
steht auf der Hülle.
Der Zeppelin landet
neben dem Lagerhaus der Erinnerungen.
- Das Glück liegt auf der Straße.
Heb es auf!
verlangt ein Plakat.
Huch fragt die Passanten,
wo das Glück liegt.

Eine weiße Katze im Prinzessinnenkostüm
geht an einem winzigen Frosch vorbei,
schlägt eine Kokosnuss auf,
lässt ihn mit einem Strohhalm
Kokoswasser schlürfen.
- Ich bin kleiner als du,
sagt der Frosch.
Sie hört seine langsamen Atemgeräusche,
hüpft über den zugewachsenen Seerosenteich.

Der Grünspecht spricht deutsch

Horizontblaue Waldberge umrahmen das Tal.
Braune Kühe grasen auf der Wiese.
Eine feuerspeiende Elektrogitarre
fliegt unter den Wolken durch,
spielt das Italienische Konzert von Bach,
landet auf einem Platanenplatz,
verwandelt sich in einen Käfer,
trägt ein seerosenweißes Namensschild
an einem elastischen Band
hinter dem Kopf,
liegt hilflos auf dem Boden,
zappelt mit den Beinen.

Huch liest das Schild.
- Franz Kafka, steht drauf.
Er trägt ihn in ein großes offenes Puppenhaus
mit wirr gestapelten Zimmern und Treppen.
Ein Kellner fliegt durch die Räume,
im frischen Hemd,
hoch zugeknöpft, mit langen Schritten
und erhobenem Kinn, sagt.
- Zeit, sich zu entspannen.
Er schmiert Honig auf ein Brot.

Ein sprechender Grünspecht schwirrt umher,
künstlich genug, um echt zu wirken,
findet Huch crazy, cool und wild.

Das Pinocchio-Paradox

Kräftige Böen treiben Regenschleier
über das Tal,
blähen die Liegestühle,
wirbeln eine alte Chipstüte auf.

Pinocchio zeichnet Bilder ins Mehl,
das auf dem Küchentisch ausgeschüttet ist,
verwischt sie wieder,
löst auf dem Bootssteg
eine Fahrkarte für die Insel mit dem Farnwald,
steigt ins Schiff, erwartet den Regen,
der vor den verblauenden Bergen fällt,
steigt aus, erforscht die Insel,
fragt sich.
- Was passiert eigentlich,
wenn ich sage,
meine Nase wächst?

Auf einer Lichtung im Farnwald
geht das Zeitgefühl verloren,
prangt ein Bild von Huch auf T-Shirts,
Bürotassen und Bettwäsche.
Ein vermisster Socken hängt
an einer Wäscheleine.
Pinocchio klettert aufs Dach,
schleudert den Bumerang immer weiter weg.
Doch er kehrt zurück.

Die Oberfläche der Schrift

Das Blätterdach schließt sich,
lässt grelles Sonnenlicht
nur in scharfen Streifen hindurch.
Ein Flaschensammler zieht mit seinem Wagen
an der Freibadrutsche vorbei,
über die gelb und blau getupfte Wiese,
versetzt sich in Menschen und Tiere,
ahmt ihre Stimmen, Bewegungen nach.

Ein Mann im hermelinweißen Pudelkostüm
wackelt durch den Park,
hält das Fernglas verkehrt herum,
verkleinert die Fahrkarte,
die Telefonnummer, die Kunstausstellung,
sucht den vermissten Socken,
der über ihm an der Wäscheleine hängt.

Ein Mädchen mit braunem Zopf
nimmt die Schere und schneidet Bilder
und Berichte über Huch aus der Zeitung,
heftet sie an die Wand.
Durch den rauschenden Wasserfall
und saftiges Dschungeldickicht
geht Huch zum Waldsee.
Tiefblau leuchtet die einladende Bucht.
Der Sonderberichterstatter fragt Huch.
- Welche ist deine Lieblingsschrift?

Wittgenstein formt einen Ball aus Salz

Wasser läuft über die bewachsene
grüne Felswand und murmelt.
Huch tritt auf die Wiese hinaus,
sieht Blumen, so weit er blicken kann,
einen Heuhaufen im flirrenden Licht,
hört das Rascheln der Buchen,
das Summen der Bienen,
hoch am Himmel den Ruf des Milans.

Auf dem Parkplatz vor dem Supermarkt
endet die kurvenreiche Straße,
balanciert Ludwig Wittgenstein
meterlange Stapel von Plastikbechern.
Sie fallen um, bedecken den Boden.

Er schmeißt Bücher herunter,
lernt vorherzusagen,
wie sie fallen,
welche Geräusche dabei entstehen,
bohrt Löcher durchs Cover, durch die Seiten,
gießt dicke Farben
über Schallplatten,
hängt ein John-Lennon-Poster
in einen leeren Bilderrahmen,
formt einen Ball aus Salz.
Die Archäologen forschen in Afrika,
woher der Ball kommt.

Ohne Spur verschwinden die Kämme

Mit dem Faden wagt sich Huch
ins Labyrinth,
ein verschlungener Weg durch den Auenwald,
vom Gegensonnenlicht erleuchtet.
Im zerklüfteten Hang
am moosgrünen Berg
hört er eine Melodie,
die ein Gefühl beschwört,
als würde der Schmetterling,
den er fotografiert,
auf seinem Finger sitzen,
das Abdrücken so lang verzögern,
bis ein Flügelschlag die Haut streift
und den Abflug meldet.

Ein Schild am Wegesrand warnt
vor dem Verlassen des Waldes.
- Achtung! Die Menschen sind seltsam.

Die Kämme steigen aus der Altstadt
wie Vogelschwärme auf,
werfen Schatten auf die Dächer,
kämmen die Wolken
und die Störche im Flug, landen
vor dem heruntergekommenen Wohnblock
auf dem kaputten Spielzeugtraktor
und dem ausrangiertem Sofa.

Es gibt Wasser auf der Erde

Langsam und zäh, wie unter Zeitlupe gesetzt,
rauscht der Bach über Felsbrocken.
Am Ufer wachsen Farn und Sträucher,
die ihre Äste ins Wasser hängen lassen.
Zwischen alten Mauern
zerbröselt eine Steintreppe.
Buchstaben fallen in einen Farbtopf,
malen Wörter,
folgen einer eigenen Reihe,
als würden Kinder damit spielen.

Der drachenfressende Baum
schmiedet die Riesenhand
der Freiheitsstatue, fängt Drachen.
Wenn sie husten, kommen Banknoten
aus ihrem Mund.

Huch singt und hüpft
mit einer Gießkanne im Kreis herum,
schlüpft in den Körper eines Springers
im Schwimmbad auf dem Sprungturm.
Beim kurzen Gleiten durch die Luft,
vor dem Eintauchen ins Wasser,
verwandelt er sich in einen Schmetterling,
flattert zu einer leuchtenden Ringelblume,
vertauscht eine Silbe mit einer andern
aus der gleichen Bedeutungswolke.

Der Glücksforscher fürchtet sich

Im Wünsch-dir-was-Universum
findet Huch einen Zettel.
- Ich habe mein Plüschtier verloren,
einen Panther, leuchtet eher lila als pink,
hat giftgrüne Augen.
Ein Bett steht mitten im Wald.
Huch legt sich hin,
hört 3 verschiedene Stimmen,
stellt sich vor, wo das Plüschtier liegt,
auf einem Bett, versteckt unter Bäumen.
Der Wind streicht durch die Wipfel.
Aufgehängt an hellgrauen Transportbändern,
streifen 200 Plüschtiere durch die Äste,
lila Panther mit giftgrünen Augen.

Eine kugelrunde Null rollt hinterher,
platzt auf.
Ein Marzipanclown schlüpft aus, verlangt.
- Iss mich zum Frühstück.
Der Drachen, der nicht fliegen will,
schlüpft in einen riesigen Einhornkopf
aus Holz, dessen Narwalzahn
in die Stirn montiert wurde.

Ein besessener Glücksforscher
fürchtet sich davor,
dass es ihm zu gut geht.

Stimmt etwas nicht

Ein Kalksteinfels ragt
aus dem türkisfarbenen See
in den hellblauen Himmel.
Es regnet Blätter, büttenweißes Papier
für Schreibmaschinen.
Im Rascheln tönt eine Stimme,
sagt zu Huch.
- Du bist eine Animation.
Seine Augenbrauen hüpfen.
Er presst den Mund
zu einem Strich zusammen,
spielt ein Lied auf der Blockflöte.

Seine Uhr geht auf eigene Weise,
weder vor noch nach,
zu den Kühen, zu den Farben,
zählt die Flügelschläge der Schmetterlinge
und die ungeschriebenen Worte
im Botanischen Garten.

Ein überdimensionaler Getränkeautomat
voll mit Energy-Drink sendet Töne aus.
Sie schmecken süß oder salzig.
Andy Warhol kauft Hosen,
hebt die Preisschildchen auf,
versieht sie mit dem Warnhinweis.
- Bitte leck sie nicht ab.

Der neue Look

Mit einer wolkenweißen Blüte im Haar
steht ein Mädchen in lila, orangen Blumen
im Botanischen Garten.
Ein Farbrausch umgibt den Balletttänzer.
Er hat einen Luftballon,
betrachtet die F-Löcher auf dem Cello,
malt sie auf den Rücken der Frau,
streicht mit dem Cellobogen darüber,
schraubt die Emailletafel mit Werbung
für Limonade ab
und hängt sie in sein Wohnzimmer.

Der Sonntag scheucht die Elstern auf.
Die magnetische Glocke
zieht den Gästen im Straßenrestaurant
Messer und Gabel aus der Hand,
hebt die klirrenden Löffel
von den Untertassen.

Huch spielt auswendig
das Dschungelbuch nach,
spaltet sich in 2 Teile,
die einander kommentieren
wie Tag und Traum,
während Frauen in eine Küche rennen,
Blätter quadratisch zuschneiden,
die langsam zerbröseln.

Die Libelle fliegt

Das Haus steht in einem Wäldchen.
Glasklar glitzert das Seewasser.
Huch skizziert Vögel in seinen Notizblock,
sieht die Wolken, die Sonne
und einen Computer mit unergründlichen
Wort- und Zahlenkolonnen.
Elefanten schweben
über die apfelgrüne Bucht.
Menschen wuseln wie Ameisen
um ihre Beine.

Im alten Theater hält ein Knabe,
der nicht erwachsen werden will,
hinter dem malvenroten Plüschvorhang
die Uhr an,
trägt eine buchförmige Maske
vor dem Gesicht,
lernt die Sprache der Fische,
füllt die Bühne mit Rosen,
bringt eine Seifenblase zum Platzen,
zeichnet ein Herz in wackligem Umriss.

Sternenstaub rieselt in den Hinterhof,
bringt die Stacheln des Igels zum Wachsen.
In einem riesigen bunten Bild
erscheinen auf der Außenhaut des Flugzeugs
eine schillernde Libelle und eine Seerose.

Einen Schritt weg vom Traum

Eine watteweiche Wolke trägt
den Frosch über den Wald.
Er sagt den Regen vorher.
- Anscheinend kommt er oder bleibt fern.
Eine Plastikplane umspannt
ein Mehrfamilienhaus.
Darunter zaubert der Cornflakes-Erfinder
ein Müsli aus dem Hut.
Er trägt stets 5 Notizbücher bei sich,
um neue Sorten zu erfinden.

Hochhäuser, Villen, Hallen und Läden
stehen leer.
In den Fenstern kleben Schilder.
- Zu verkaufen.
Eine Frau steht mit einem Mädchen
unter einem Baum,
legt ihre großen Hände
über seine Schultern.
Auf dem Ast hockt eine Katze.
Ihr Fell ist ahorngrün.

Figuren tanzen vom Schachbrett
zu den auf Zetteln gekritzelten Songtexten,
blasen den Staub aus den Notenblättern.
Ein fliegender Wal landet,
verwandelt sich in ihre Umkleidekabine.

Dinge, die garantiert nie passieren

Der Roboter fährt Auto,
zeichnet einen Vogel
und einen fliegenden Fisch an die Mauer,
bricht die Wand auf, geht über ein Sofa,
steigt die Treppe hoch,
steht am Flipperautomat,
gewinnt ein Schachspiel gegen sich selber.
Dafür kriegt er Freudensignale
wie ein Mensch, der sich freut,
und eine Kamera,
die durch Dächer und Mauern blickt.

Eine aquamarinblaue Fee
steigt vom Himmel herab, fragt Huch.
- Was lernst du von einem Krokodil?
- Wie man eine Seifenblase
zum Platzen bringt, sagt Huch,
mit der Nase, ohne Zähne.
Ein Zettel ist an 2 Nägeln aufgehängt.
Darauf steht.
- Suche Dinge, die garantiert nie passieren,
über die du trotzdem nachdenken kannst.

Huch findet einen Blumenstrauß aus Plastik.
Er blüht. Eine Biene fliegt an,
sammelt Blütenstaub und sagt.
- Möglicherweise hat Plastik mich gern.

Die Frau aus den Wellen

In Schwärmen von Flügelsamen
des Bergahorns steht ein Roboter
als Tankwart einer vom Buschwerk
überwucherten Tankstelle.
Er trägt ein Stundenglas in der Hand,
fragt Huch.
- Kannst du unter Wasser atmen?
Ich gebe dir Zeit für die Antwort.
Der Sand rieselt.

Huch sagt nein,
geht den Strand entlang,
wird von einer Giftschlange angefaucht,
weicht einen Schritt zurück, sagt.
- Vor hellem Hintergrund
kämen deine Schuppen besser zur Geltung.

Unter dem Steg aus hellem Holz
fangen die Worte plötzlich an zu sprudeln.
Ein brennendes Räucherstäbchen in der Hand,
kommt Huch mit dem Felsen ins Gespräch.
Eine Frau taucht aus den Wellen auf.
Einen Mund hat sie keinen,
aber eine kleine Nase,
Knopfaugen und eine farbige Schleife
über dem Ohr, worauf steht.
- Bis jetzt ist nichts Seltsames passiert.

Vergessen ist einfach

In einer Zickzackkurve,
die sich im Dunst des Horizonts verliert,
werden aus den Schafen Elefanten.
Das nähende Einhorn schneidert Huch
ein Gewand von sattem Grün
auf den Leib und ein Shirt
mit grünblauem Tupfenmuster.

Am Rand eines Wasserbeckens
voller Rosenblätter
steigen Tauben flatternd
über die Stuhlreihen eines alten,
längst geschlossenen Kinos,
und Huch betrachtet den Film ihrer Flügel.

Unter einer Baumgruppe am See
streicht Huch einen Betonklotz
mit buchengrüner Farbe an,
sieht an der Schaufensterscheibe
einen bunten Werbeaufkleber,
liest die Frage.
- Was hast du vergessen?
Er trifft eine Frau am Strand, fragt.
- Was habe ich vergessen?
Sie sagt.
- Ich war schon 3 Mal hier,
aber du hast mich nie gegrüßt.

44

Wenn der Frosch ein Mensch wäre

Ein Schlangenmann steckt
mit seinem Kopf in einer Wolke,
fegt mit dem großen Besen die Blätter
auf der Straße hin und her,
als würde er einen Weg
durchs Wasser wischen.
Im Fenster der Apotheke hängt ein Zettel
mit den Worten.
- Vielen Dank, dass Sie uns besuchen.

Aus einem schneeweiß gestrichenen Haus
tritt ein Mann in den Aprikosenhain,
sagt zu Huch.
- Du bist ein glücklicher Mann,
aber manchmal denkst du zu viel.

Vorbei an einem Verschlag
mit Coca-Cola-Verkauf
versucht Huch, das Problem
des Problemlösens selbst zu lösen.
Ein Frosch sitzt auf seiner Hand,
reglos und schweigend.
Huch fragt.
- Was würdest du sagen,
wenn du ein Mensch wärst?
Der Frosch zieht die Winkel
des breiten Mauls nach unten.

Häufig gestellte Frage

Bei einem gewaltigen Apfelbaum,
der dem Himmel entgegenwächst,
gabelt sich der Weg,
weit und breit kein Schild
zu sehen.
Huch liest einen Apfel auf.
- Wie wäre es mit Grünen?
Der Baum sagt zu Huch.
- Nicht alle Grünen schmecken gleich.

Die Wanderkarte sieht
nach einer Comicseite aus,
Skizzen mit wirren Strichen.
In einem Raum mit buntem Mosaikfußboden
schält sich Huch aus einem Heuballen
aus Plastiktrinkhalmen, sieht zu,
wie aus aufgerolltem Blech Coladosen werden.
Von der Decke hängt ein Stuhl,
darüber ausgebreitet das Pyjama
wie Stücke eines Segels.

- Hallo, sagt ein Schlafwandler,
läuft in der Unterwäsche
mit ausgestreckten Armen
und einem riesigen Schild rum.
Darauf steht.
- Ja, ich bin Johann Sebastian Huch.

Was hört der Fisch im Energy-Drink

Im Wind in den Gräsern
unter dem Krächzen von Krähen
steht eine lebensgroße Plastikkuh.
Auf dem asphaltierten Parkplatz
findet rhythmische Gymnastik statt.
Die Trainerin ruft.
- Ihr seid in ausgezeichneter Form.
Die Leute murmeln.
- Wir geben unser Bestes.

Huch hält einen Luftballon,
der ihn in die Luft zieht,
sieht den Boden
unter seinen Füßen schwinden.
Über den Wolken verwandelt
sich der Ballon in eine kugelrunde Null.
- Es gibt die Freude an der Unvollkommenheit,
sagt Huch.

Im überdimensionalen Getränkeautomaten
voll mit Energy-Drink
schwimmt ein Fisch.
An 2 Klebern ist ein Zettel aufgehängt.
Darauf steht die Frage.
- Was hören Fische?
Der Fisch berührt das Glas mit dem Mund.
- Wenn du mich fragst: Alles.

Mehr als einmal gelernt

Bei einem üppig bewaldeten Bergrücken
umhüllen Dunstschwaden einen riesigen Baum,
der Blätter in Sonnenschirmgröße trägt.
Der dunkelbraune Holzfensterladen klappert
am Steinhaus.
Darin sitzt ein Sprachzauberer
auf einem wackligen Campingstuhl,
isst Spaghetti mit Händen
aus dem Sieb.
Alle 9 Stunden macht er einen Fehler.
Gedichte lesen kann er noch nicht,
in der Hand halten schon.

Huch rennt um den Steinway,
greift und pickt aus den Noten,
die sich immer zerwühlter auftürmen,
nach Einzelseiten.
Goldene Bälle spazieren
über die pantherschwarze Bühne.

Anziehpuppen schneiden sich
aus dem Papier,
basteln sich Papierhüte
und Papiersehnsuchtsschiffe.
Auf einer Kiste mit Kinderkritzeleien
sitzt ein blinkendes Einhorn, sagt.
- Es ist nie zu spät zum Lernen.

Die Sterne warten auf dich

Unter dem weiten Himmel
aus reinem Preußischblau
liegt ein leer gegessener Pralinenkarton.
Die Giraffe schreibt einen Brief
im Abendlicht neben hölzernen Strommasten
mit Isolatoren aus funkelnd weißem Porzellan.
- Das Glück liegt hinter dir.
Sie dreht sich um.
- Oder vor dir, je nachdem.

In der Stadt tragen die Passanten T-Shirts
mit dem Porträt von Huch auf der Brust.
Die Brotbüchse im Schaufenster
ziert ein Bild von ihm.
Die Bank, auf welche Huch sich setzt,
kommt sanft ins Rollen.
Eine Geisterhand verschiebt die Wand,
und eine riesige Metallkugel setzt sich
polternd in Bewegung.

Die Giraffe stattet seine Hose
mit einer Touchscreen-Funktion aus
um das Smartphone zu steuern.
Huch bildet ein zusammengesetztes Wort
aus 2 Einzelwörtern.
- Stern, warten: Sternwarten.
Die Sterne warten auf dich.

Die Ereignisse entwickeln sich wie vorhergesagt

Ein reißender Bach stürzt
über einen schroffen Fels.
Blaugrüne Flechten wuchern
auf umgestürzten Bäumen.

Huch dackelt in traumtänzerischen
Zickzack-Bewegungen durch die Gegend,
sucht vergeblich einen Ort,
der zwar in seiner Karte verzeichnet ist,
aber nur in der Vorstellung existiert,
stapft durch den Wald
zum Strand des Nebelmeers
im milchkaffeebraunen Sand,
beobachtet eine riesige orange Sonne
aus dem Horizont tauchen,
als würde ein Heißluftballon
sich aufblähen und steigen.

Der Kaffeesatz in der Tasse
zeichnet Hieroglyphen einer fremden,
rätselhaften Welt.
Das Waschbecken hat die Gestalt
eines goldenen Schwans.
Am überdimensionierten Wäscheständer
trocknet eine himbeerrote Fahne
mit Schweizerkreuzen, Silberbesteck,
Kerzenständern und Blitzableitern.

Aschenputtel muss das Signieren erfunden haben

Der Boden des Waldes ist weich,
gibt nach bei jedem Schritt,
knackt und knistert unter den Sohlen.
Krähen flattern davon.
Auf einer schwankenden Hängebrücke
zwischen Baumriesen
überquert Huch einen Wasserfall.
Der Sprühnebel glitzert.
Warm und seidig ist die Luft.

Der Weg führt zum Turm.
Die Wand ist kalkweiß, ein Loch mittendrin.
Daraus züngelt eine Flamme, bläht sich auf,
flackert, faucht und lodert.
Aschenputtel läuft mit dem Feuerlöscher
im Arm herum.
Sie findet ein Couvert
mit vielen kleinen Geldscheinen darin,
verbindet sich die Augen,
schnuppert daran.
Die Banknoten riechen nach Gurken.

In einer alten Fabrikhalle
aus Backsteinmauern und Stahlträgern
zuckeln Gurkengläser über ein Förderband.
Aschenputtel signiert die Etiketten
mit dem Lippenstift.

Fast unmöglich zu erreichen

Steinmauern, niedrig und moosbewachsen,
bilden ein Rechteck,
von üppigen Farnwedeln, Orchideen
und Gestrüpp überwuchert.
Der Nebel verdichtet sich zum Meer.
Nur der Gipfel des Waldbergs ragt hervor,
als würde er im Himmel schweben.
Die Leuchtreklame blinkt in Neonfarben.

Huch zieht einen Violinbogen
über eine Glasschale,
dreht sich in der Menschenmenge um,
glaubt, jemand habe ihm gerufen,
hängt Zettel an der Straße auf,
an jedem Wochentag in einer andern Farbe.
- Hat mich irgendwer gerufen?

In einer Halle voller lilienweißer Luftballons
mit dem Schriftzug I Love You
versucht Huch,
Wasser in einer Eierschale zu transportieren.
Jacketts liegen auf einem Haufen am Boden.
Die strahlende Türsteherin fragt.
- Kann ein Elefant den Verstand verlieren?
Die Antwort tönt blechern
aus Huchs Spielzeugklavier.
- Es ist fast unmöglich zu erreichen.

Im Wind beginnen die Pfirsiche zu tanzen

Die Wolken streben himmelwärts
ihrer Auflösung entgegen.
Die Ansammlung von Häusern wirkt
wie ein steinernes Dorf im Dschungel.
Auf die leere Straße ist
quarzweißes Pulver gestreut.
Es quietscht jaulend unter den Sohlen.

Huch kommt mit der Felswand ins Gespräch.
- Du kannst dich beruhigen, sagt sie,
dir passiert nichts Schlimmes.
Sie stürzt ins Tal, zersplittert.
Huch hört das Rauschen in seinen Ohren,
baut einen Turm aus Splittern,
wirft ihn um, obwohl es lang gedauert hat,
ihn zu bauen.

Huch liegt in einer schwebenden Plastikblase,
denkt über das eigene Denken nach,
fliegt über die Stadt.
Der Wind streicht durch die Bäume.
Die Wohnungsfenster sind verdunkelt,
die Rollläden der Geschäfte heruntergelassen.
Ein Pfirsich rollt den Hang herab,
außen samtweich, schön anzusehen,
innen hart wie ein Stein. Er fragt.
- Darf ich deine Hand versilbern?

Es braucht alle möglichen Menschen

Träge strömt das seichte,
grün schimmernde Wasser
um die weich geschwungenen
kaum verhüllten Sandbänke und Inseln,
auf welche Huch Wellenlinien
und karierte Ballons malt.
Ein Schild warnt vor Bibliotheken,
die, zu nah ans Wasser gebaut,
unter der Last der Bücher einstürzen.
Eine mächtig heranrollende Welle
verwandelt sich in sprühende Gischt,
reißt das einstöckige Haus
samt dem umlaufenden Holzbalkon mit.

Das Mädchen mit den Schwefelhölzern
sagt zu Huch.
- Es braucht alle möglichen Menschen
um eine Welt zu schaffen.

Es rollt die Strumpfhose auf einen Teller,
wäscht den Regenbogen mit Sekt,
tritt unter den Baum, dessen Krone
Stamm und Wurzel aus Händen bestehen.
An jeder Fingerkuppe setzt
eine neue Hand an,
kombiniert Blumen
zu einem Huch-Gesicht.

Sorgsam setzt der Elefant seine Spur

In den senkrecht abfallenden Fels
ist der Weg wie eine Kerbe gehauen.
Am dottergelben Sandstrand
vor spiegelglattem Wasser
putzt der Reiher das Gefieder.
Durch ein Labyrinth mit Türen und Winkeln,
Billardtisch und Cembalo fliegen Noten
übers Bett. Huch hört sie rauschen.
Streicher bauen eine Pyramide
aus Bierkartons,
nehmen die Geigen aus den Koffern,
spielen einen Klang,
den das Klavier fortspinnt.

Huch folgt einer großen Spur im Sand,
holt einen Elefanten ein,
der die Geräusche von Lastwagen
imitiert und eine Wand
mit Graffiti beschmiert.
Alles, was er mit dem Rüssel berührt,
verwandelt sich in Gold.

Noten, es werden immer mehr,
verlassen die Partitur,
nehmen Reißaus.
Und der Landstreicher Jiminy Grille
redet dem Elefanten ins Gewissen.

Im richtigen Film gelandet

Watteweiß klebt die Wolke am Bergkamm.
Steine, von den Wellen rund geschliffen
liegen im klaren, ruhigen Wasser,
sprechen in vielen Stimmen,
die Silben wie Echos im Gaumen.
Admiral- und lapislazuliblaue Schimmer
klingen.

Der Rasenmäher-Roboter befreit
die Straße von einer Zellophanhülle
und malt eine Magnolienblüte
in vielfacher Lebensgröße in die Luft.
Auf die Blütenblätter
schreiben großohrige Menschen
in knisternden Papierkleidern
riesige Buchstaben.
Lauthals kräht der Hahn.

Huch löst eine Eintrittskarte, betrachtet,
wie die Katze ihre Schnurrhaare bewegt,
Löcher und Kaffeeflecken an den Wänden,
die nächtlichen Bilder im Kopfkino,
klappt im Kostüm eines kanariengelben Vogels
den Geigenkasten auf,
nimmt eine zerbrochene Violine heraus.
Samtig blau flutet das Licht
in den Klangkörper hinein.

Play Huch